Inhalt

RFID: Pilotprojekte ermuntern zum Weitermachen (Mai 2005)

Kernthesen

Beitrag

Fallbeispiele

Weiterführende Literatur

Impressum

GENIOS WirtschaftsWissen Nr. 05/2005 vom
11.05.2005

RFID: Pilotprojekte ermuntern zum Weitermachen (Mai 2005)

I.Zeilhofer-Ficker

Kernthesen

- Erste Erfahrungen aus Pilotprojekten zeigen, dass RFID technisch bis auf kleinere Probleme mit Metall und Flüssigkeiten gut funktioniert.
- Anfangs notwendige Investitionen amortisieren sich aber erst nach einigen Jahren.
- Große Hoffnungen setzt man auf Mikrochips auf Polymerbasis, von denen man erwartet, dass sie wesentlich

kostengünstiger hergestellt werden können.
- Der Durchbruch von RFID lässt zwar noch auf sich warten und der vollautomatische Kassiervorgang im Supermarkt wird noch einige Jahre Science-Fiction bleiben, beides ist aber nur noch eine Frage der Zeit.

Beitrag

Wenn Ihnen der Begriff RFID geläufig ist und Sie vielleicht sogar wissen, dass die Technik bereits seit Jahren erfolgreich zum Beispiel für Wegfahrsperren oder Skipässe eingesetzt wird, gehören Sie zur absoluten Minderheit der deutschen Bevölkerung. Laut einer Studie von Capgemini können nur 15 Prozent aller Deutschen mit dem Begriff RFID (Radiofrequenzidentifizierung) überhaupt etwas anfangen, nur 8 Prozent wissen, dass es sich dabei um eine bereits eingesetzte Technik handelt, kaum jemand weiß, dass sie das Potenzial hat, unser aller Leben künftig zu verändern. (1)

RFID Einsatzbereiche

Herz der Radiofrequenzidentifizierung ist ein kleiner Mikrochip mit Antenne, auf dem die

Identifizierungsdaten eines Produktes gespeichert sind. Beim Passieren eines Lesegeräts (auch Scanner oder Reader) schickt dieser Transponder seine Daten berührungslos an das Gerät zur weiteren Verarbeitung. Beim Skifahren ist das praktisch: kein Skipass muss mühsam aus der Tasche gefummelt und in einen Schlitz gesteckt werden, sondern der Transponder sendet unaufgefordert aus der Anoraktasche sein Signal an den Scanner, der daraufhin den Zugang zum Skilift freigibt. (2), (3)

Für die Logistik und den Handel erwartet man sich von dieser Technik eine Revolution. Durch die mögliche gleichzeitige Verarbeitung verschiedener Transponderdaten kann die Warenein- und -ausgangskontrolle sowie die entsprechende Verbuchung in Warenwirtschafts- oder ERP-Systeme ganzer Lkw-Ladungen in Sekundenschnelle und ganz ohne menschliche Intervention vonstatten gehen. Ist ein Produkt mit einem Etikett mit RFID-Chip versehen, so ist jederzeit feststellbar, wo es sich gerade befindet, welche Produktionsschritte es schon durchlaufen hat oder an welchem Lager- oder Verarbeitungsort es sich gerade befindet. (3)

Da jedes Transponder-Etikett und damit jedes damit versehene Produkt mit einer individuellen Codierung eindeutig zu identifizieren ist, kann den Anforderungen der Warenrückverfolgbarkeit und

Qualitätssicherung entsprochen werden. Im Einzelhandel ist eine vollautomatische Zahlungsabwicklung durch Passieren einer entsprechenden Zahlungsschleuse heute technisch schon möglich. Dass mit den gleichen Etiketten auch noch eine wirkungsvolle Diebstahlssicherung sowie die kontinuierliche Warenbestandskontrolle möglich ist, stellt für viele Handelsunternehmen einen weiteren großen Anreiz für den RFID-Einsatz dar. (4), (5)

Pilotprojekte und Erfahrungen

Der Handel, allen voran die Metro Gruppe, Wal-Mart und Tesco, treiben die Verbreitung der RFID-Technologie in Deutschland, Europa und den USA voran. Schon seit einigen Jahren gibt es den **Metro-Super-Store** in Rheinsberg, in dem die Möglichkeiten der Technik in allen Einzelheiten getestet und demonstriert werden. Seit Herbst 2004 verlangt Metro von ausgewählten Lieferanten, dass die angelieferten Paletten mit RFID-Tags versehen sind. Damit die differierenden Prozesse ausführlich getestet werden können, sind nicht nur Großunternehmen sondern auch kleinere Lieferanten in den Versuch involviert. In den nächsten Monaten soll der Test auf Kartons ausgedehnt werden. Außerdem will Metro auf die neue Etiketten-Generation EPC-Generation-2-RFID umsteigen, die dann weltweit nutzbar sein sollen. Mögliche Kosteneinsparungen sind bereits jetzt erkennbar und Metro rechnet mit einer Amortisation seiner RFID-Investitionen in ca. vier bis sechs Jahren. (6), (7), (8)

Wal-Mart

hat seit Start der Pilotprojekte rund 7000 Paletten und über 200 000 Kartons mit RFID-Tags von ihren Lieferpartnern erhalten. Die Erfahrungen damit sind hinsichtlich der erreichten Leseraten unterschiedlich: Ist die Palette mit RFID versehen, so wird eine Leserate von nahezu 100 Prozent erreicht, bei Kartons auf einer Palette sinkt der Wert auf 90 Prozent, bei Mischpaletten wurden sogar nur 66 Prozent erreicht. (6)

Die Schweizer **Migros-Gruppe** setzt den Schwerpunkt auf die Beschleunigung des Kassiervorgangs. In einem Testlabor wird beispielsweise eine vollautomatische Kassenschleuse auf RFID-Basis getestet. Schon in drei Jahren will der Pionier von RFID auf Artikelebene so weit sein, dass wenigstens ein Teil des Sortiments über RFID an der Kasse erfasst wird. (9)

Tesco dagegen konzentriert sich auf den RFID-Einsatz bei hochwertigen Non-Food-Artikeln. Über ein RFID-Tracking System wird vor allem der Weg von zum Beispiel Digital-Kameras von den Verteilzentren zu den Verkaufsstellen verfolgt. Erste Ergebnisse zeigen, dass Schwund dadurch signifikant reduziert wird. Die **Otto-Gruppe**, die ähnliche Versuche durchführt, bestätigt diese Erfahrungen. (7), (10)

Der Textilproduzent **Gerry Weber** setzt RFID auf Artikelebene ein. Neben der Identifizierung zur Warenverfolgung im Produktionsprozess wird das Etikett auch zur Diebstahlssicherung verwendet. Aus Kostengründen nutzt man Mehrwegtags. (10)

Eine Studie von Soreon Research kommt zu dem Ergebnis, dass sich RFID in der Automobilproduktion schon nach rund einem Jahr amortisieren könnte. Auch bei den Werkstätten wäre der Break-Even schnell erreicht. Trotzdem reagiert die Branche noch sehr zurückhaltend mit eigenen RFID-Projekten. (11)

Probleme, Produkte und Preise

Probleme bei der Identifizierung gibt es mit RFID-Etiketten auf Metall oder bei Flüssigkeiten, da hier die Funksignale gestört werden. Um dieses Problem zu umgehen, sind Etiketten in der Entwicklung, die vom Produkt etwas abstehen und so die nötige Distanz für die korrekte Identifizierung herstellen. ("Flag-Tag"). (13), (14)

Als größter Hinderungsgrund für den breiten Einsatz von RFID wird meist der hohe Preis der Etiketten genannt. Tatsächlich muss mit Kosten von ca. 25 Cent bis einige Euro gerechnet werden, je nachdem, welcher Etikettentyp eingesetzt werden soll. Das ist sicher noch zu viel für den Einsatz an der Milchtüte. Durch die in der Entwicklung befindlichen Polymer-Transponder sollen Etiketten-Preise erreicht werden können, die den breiten Einsatz auf Artikelebene ermöglichen. (15), (16)

Auch bei der Anbindung der Datenströme aus RFID-Anwendungen an die Unternehmens-IT wurden jüngst Fortschritte gemeldet. Alle großen Anbieter haben nun Middleware-Produkte im Angebot, die unwichtige Informationen ausfiltern und relevante Daten an die Unternehmens-Systeme zur Weiterverarbeitung übergeben. (17)

Etwas beruhigt hat sich das Thema Datenschutz in Bezug auf RFID. Diverse Untersuchungen von Rechtsexperten sind einmütig zu dem Ergebnis gekommen, dass der RFID-Einsatz mit den momentan gültigen Gesetzen gut vereinbar ist und für den Endverbraucher keine größere Gefahr des Datenmissbrauchs besteht, als beispielsweise durch die Nutzung von Kundenkarten. (18)

Fallbeispiele

Die mit RFID mögliche lückenlose Sendungsverfolgung von hochwertigen Artikeln des Otto-Versandes resultierte in einer 100 prozentigen Pick- und Packqualität ohne Sendungsverluste oder Fehlleitungen von Lieferungen. Ab einem Transponderpreis von 0,03 Euro würde sich der RFID-Einsatz für alle Verkaufsartikel lohnen was zu Einsparungen von bis zu 6,6 Millionen Euro führen würde. (10)

Bei Nestlè in Berlin sind die Flag-Tags bereits Einsatz, die das Leseproblem mit Metall und Flüssigkeiten eliminieren. Außerdem wird ein Applikator getestet, der die Transponder-Etiketten automatisch auf die Plaketten klebt. RFID-Daten werden bei Nestlé vollautomatisch an das Lagerverwaltungssystem weitergeleitet. (13)

Im Zentrallager der Tchibo in Bremen werden alle per Schiff ankommenden Waren mit einem RFID-Chip versehen. Mithilfe der ausgesendeten Identifizierungsdaten wird in einem Zentralrechner vollautomatisch die Steuerung des Transports über Gabelstapler und Lkws in die Tchibo-Filialen durchgeführt. (21)

Die Firma PolyIC konnte im November 2004 den ersten funktionsfähigen RFID-Tag auf Polymerbasis vorstellen. Die Prototypen werden nun ausführlich getestet und die Produktionsprozesse optimiert. Man erwartet marktfähige Produkte für das Jahr 2006. (22)

Migros nutzt die RFID-Technik zur Überwachung des Fuhrparks. Durch die Transponder wird sichergestellt, dass die Kühltemperatur auf den Lkw-Ladeflächen konstant bleibt und die Kühlkette nicht abreißt. Eine falsche Temperatur löst automatisch Alarm beim Disponenten aus. (23)

Weiterführende Literatur

(1) Angst vorm "gläsernen Kunden" überwiegt
aus Lebensmittel Zeitung Nr. 13 vom 01.04.2005 Seite 055

(2) Marketingpotenziale der Radio Frequency Identification (RFID) im Konsumgütereinzelhandel
aus Thexis, Jg. 22, Nr. 2 vom 03.03.2005, S. 47-50

(3) RFID - Chancen und Risiken
aus Maschinenmarkt Nr. 15 vom 11.04.2005

(4) Vor dem nächsten Hype?
aus LOGISTIK HEUTE, Heft 4/2005, S. 40-41

(5) Bayer, Martin "Lasst doch die Daten da, wo sie sind", Computerwoche, 08.04.2005, Nr. 14, S. 5
aus LOGISTIK HEUTE, Heft 4/2005, S. 40-41

(6) RFID beschäftigt US-Handel
aus Lebensmittel Zeitung 03 vom 21.01.2005 Seite 026

(7) Tesco setzt Schwerpunkte bei Funkchip-Einsatz
aus Lebensmittel Zeitung Nr. 11 vom 18.03.2005 Seite 032

(8) O. V., RFID: Pilottests für eine Revolution?, Computerwoche, 29.04.2005, Nr. 17, S. 10
aus Lebensmittel Zeitung Nr. 11 vom 18.03.2005 Seite 032

(9) Migros testet RFID am Einzelprodukt
aus Lebensmittel Zeitung Nr. 15 vom 15.04.2005 Seite 030

(10) RFID-Technologie im "Echteinsatz"
aus TextilWirtschaft 15 vom 14.04.2005 Seite 047

(11) RFID-Technik Chance für die Automobilbauer
aus Elektronik Praxis Nr. 07 vom 04.04.2005 Seite 023

(12) O. V., RFID-Technik nimmt die nächsten Hürden, Computerwoche, 29.04.2005, Nr. 17, S. 18
aus Elektronik Praxis Nr. 07 vom 04.04.2005 Seite 023

(13) Nestlé zeigt bei RFID Flagge
aus Lebensmittel Zeitung Nr. 10 vom 11.03.2005 Seite 034

(14) Palettenverfolgung: Passive Chips für Radio-Frequenz-Identifikation kosten zwischen 35 und 70 Cent Funketiketten verlangen eine Optimierung der Verpackung
aus Computer Zeitung, Heft 7, 2005, S. 12

(15) RFID macht Otto langsam Spaß
aus Lebensmittel Zeitung Nr. 14 vom 08.04.2005 Seite 028

(16) Kostenvorteile durch die Integration von RFID in Unternehmensprozesse Reale Möglichkeiten zur Kostensenkung
aus FM Fracht + Materialfluß, Heft 4, 2005, S. 44

(17) In der Integration der Funkdaten in Business-Applikationen liegt die Herausforderung – Einheitliches Datenmodell begünstigt Simulation von Abläufen Funkchips heizen Kampf der Architekturen

an
aus Computer Zeitung, Heft 13, 2005, S. 22

(18) Haar, Tobias, Erfasst - Datenschutzaspekte beim RFID-Einsatz, iX - Magazin für Informationstechnik, 03/2005, S. 82
aus Computer Zeitung, Heft 13, 2005, S. 22

(19) RFID-Integration mit SAP von Siemens Business Services Intelligenzzuwachs für die Supply Chain
aus FM Fracht + Materialfluß, Heft 3, 2005, S. 36

(20) Meinungsbeitrag: Sind Investitionen in die Transpondertechnik schon heute wirklich sicher RFID – durchstarten oder abwarten?
aus FM Fracht + Materialfluß, Heft 3, 2005, S. 38

(21) Der Weihnachtsmann wird abgeschafft
aus Süddeutsche Zeitung, 26.02.2005, Ausgabe Deutschland, S. V1/3

(22) PolyIC: Ein Technologie-Start-up auf dem Weg zum Produktionsunternehmen Sprungbrett RFID-Tag
aus Markt und Technik, Heft 8/2005, S. 24

(23) Migros überwacht Kühlkette mit RFID
aus Lebensmittel Zeitung Nr. 06 vom 11.02.2005 Seite 026

Impressum

RFID: Pilotprojekte ermuntern zum Weitermachen (Mai 2005)

Bibliografische Information der deutschen Nationalbibliothek

Die Deutsche Nationalbibliothek verzeichnet diese Publikation in der deutschen Nationalbibliografie; detaillierte bibliografische Daten sind im Internet über http://dnb.d-nb.de abrufbar.

ISBN: 978-3-7379-1046-0

© 2015 GBI-Genios Deutsche Wirtschaftsdatenbank GmbH, Freischützstraße 96, 81927 München, www.genios.de

Alle Rechte vorbehalten. Dieses Werk ist einschließlich aller seiner Teile – z.B. Texte, Tabellen und Grafiken - urheberrechtlich geschützt. Jede Verwertung außerhalb der Grenzen des Urheberrechtsgesetzes bedarf der vorherigen Zustimmung des Verlags. Dies gilt insbesondere auch für auszugsweise Nachdrucke, fotomechanische Vervielfältigungen (Fotokopie/Mikroskopie), Übersetzungen, Auswertungen durch Datenbanken oder ähnliche Einrichtungen und die Einspeicherung und Verarbeitung in elektronischen Systemen.